collana didattica di musiche a cura di

Celestino Dionisi

Dedicato al Flauto Dolce

Gli arpeggi

per Contralto

Baroque Personal Trainer

ISBN | 978-88-91156-99-0

Youcanprint Self-Publishing
Via Roma, 73 - 73039 Tricase (LE) - Italy
www.youcanprint.it
info@youcanprint.it
Facebook: facebook.com/youcanprint.it Twitter: twitter.com/youcanprintit

Baroque Personal Trainer
http://studioemc.it/baroquetrainer/
baroquetrainer@studioemc.it

Per vedere i video relativi a questo e ad altri volumi della collana:
To view videos on this and other books in the series:
You Tube http://www.youtube.com/user/BaroqueTrainer

Arpeggi di Do

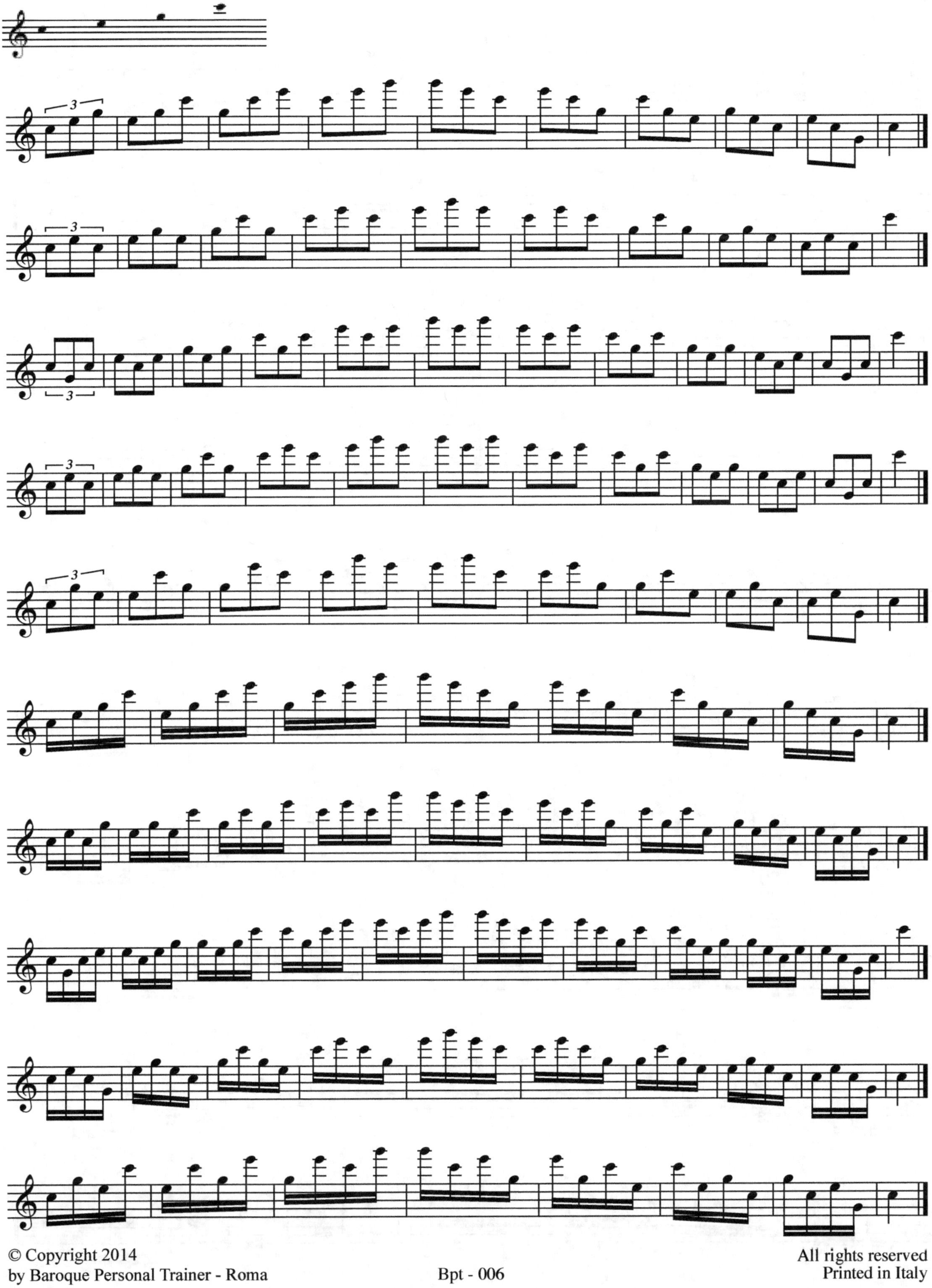

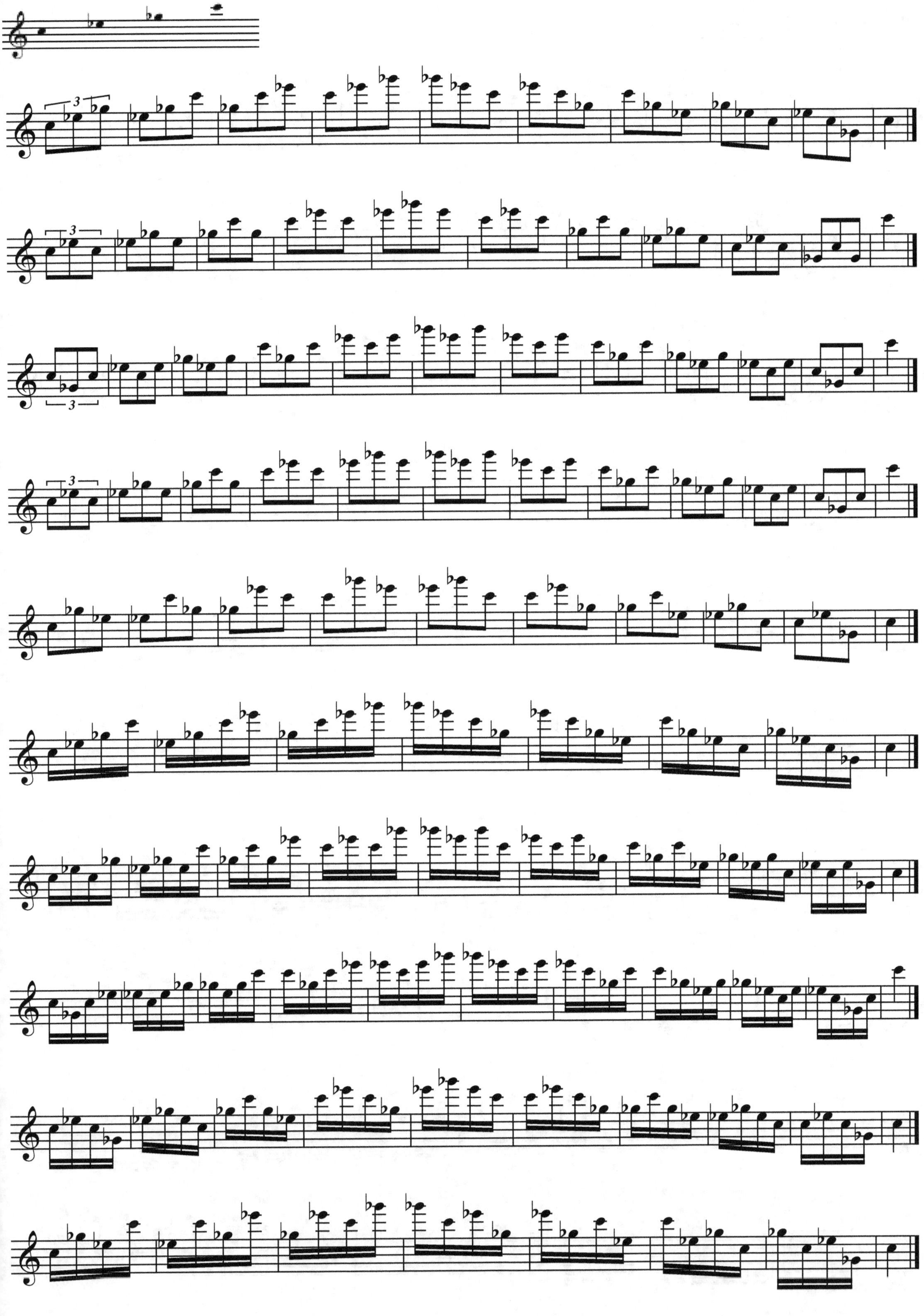

5
5
5
5

5
5
5
5

Arpeggi di Fa

5
5
5

5
5

3
3
3
3
3

5

Arpeggi di Sol

3
3
3
3
3

5
5

Arpeggi di Si♭

3

3
3
3
3

5
5

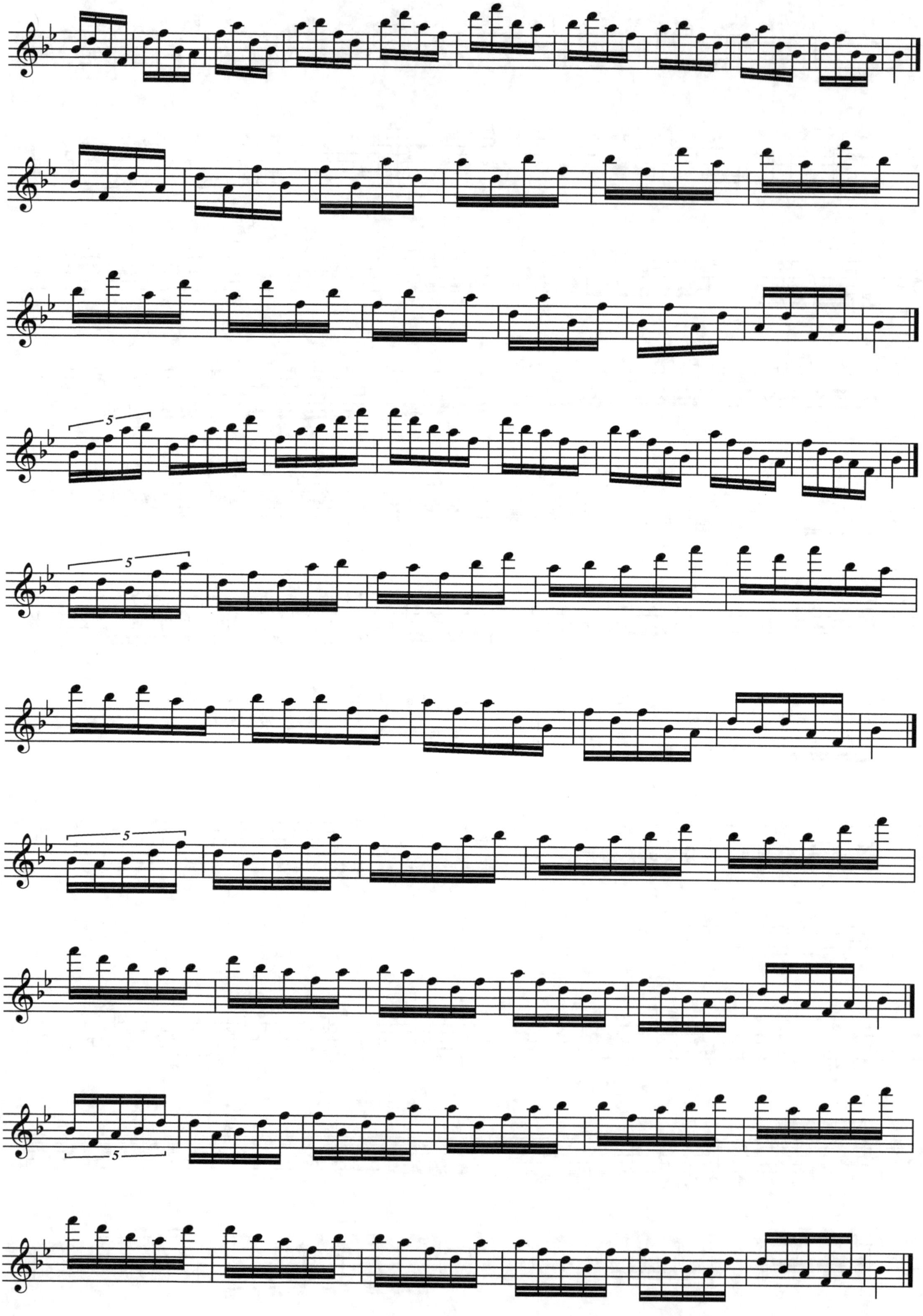

Arpeggi di Re

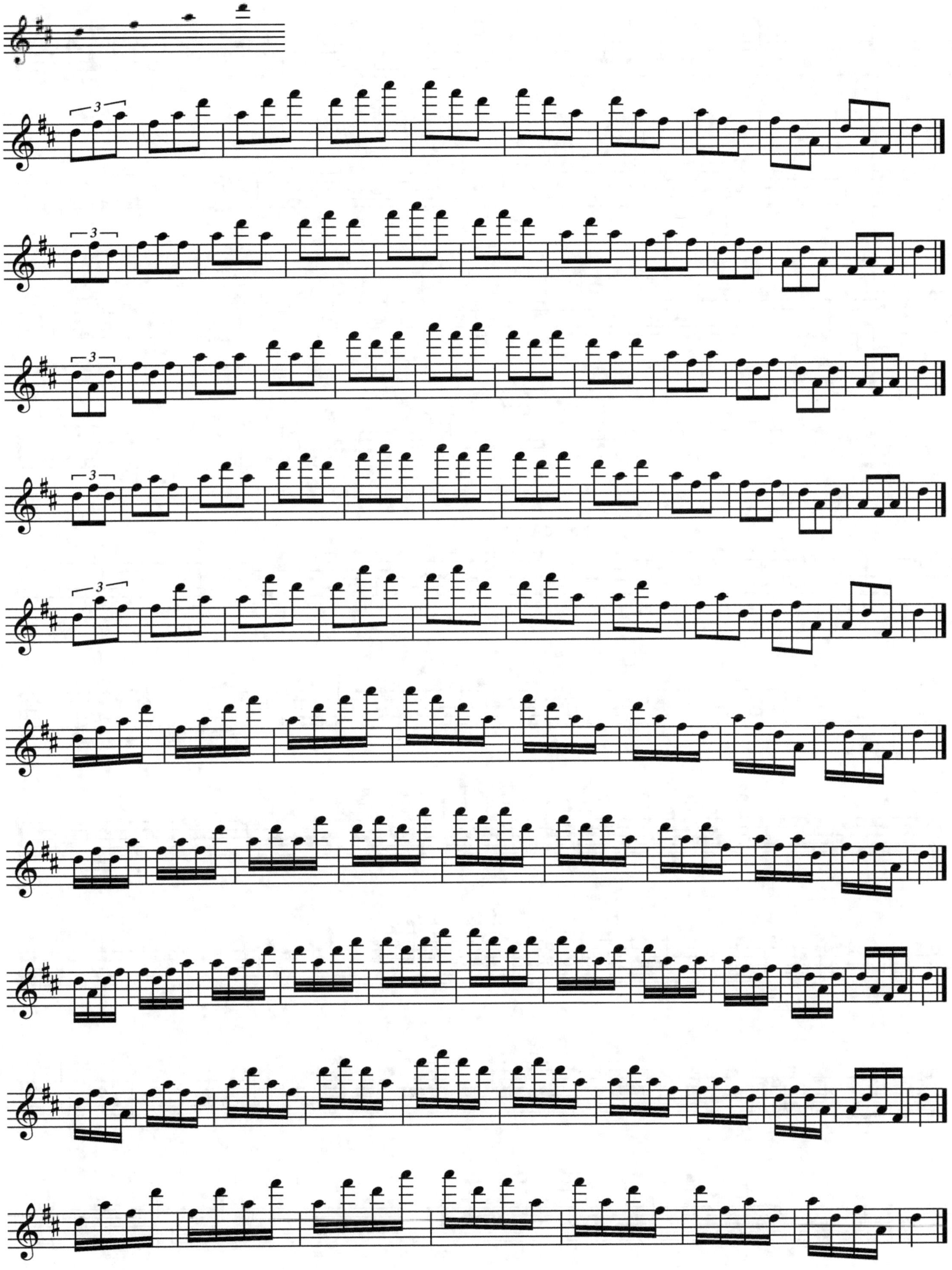

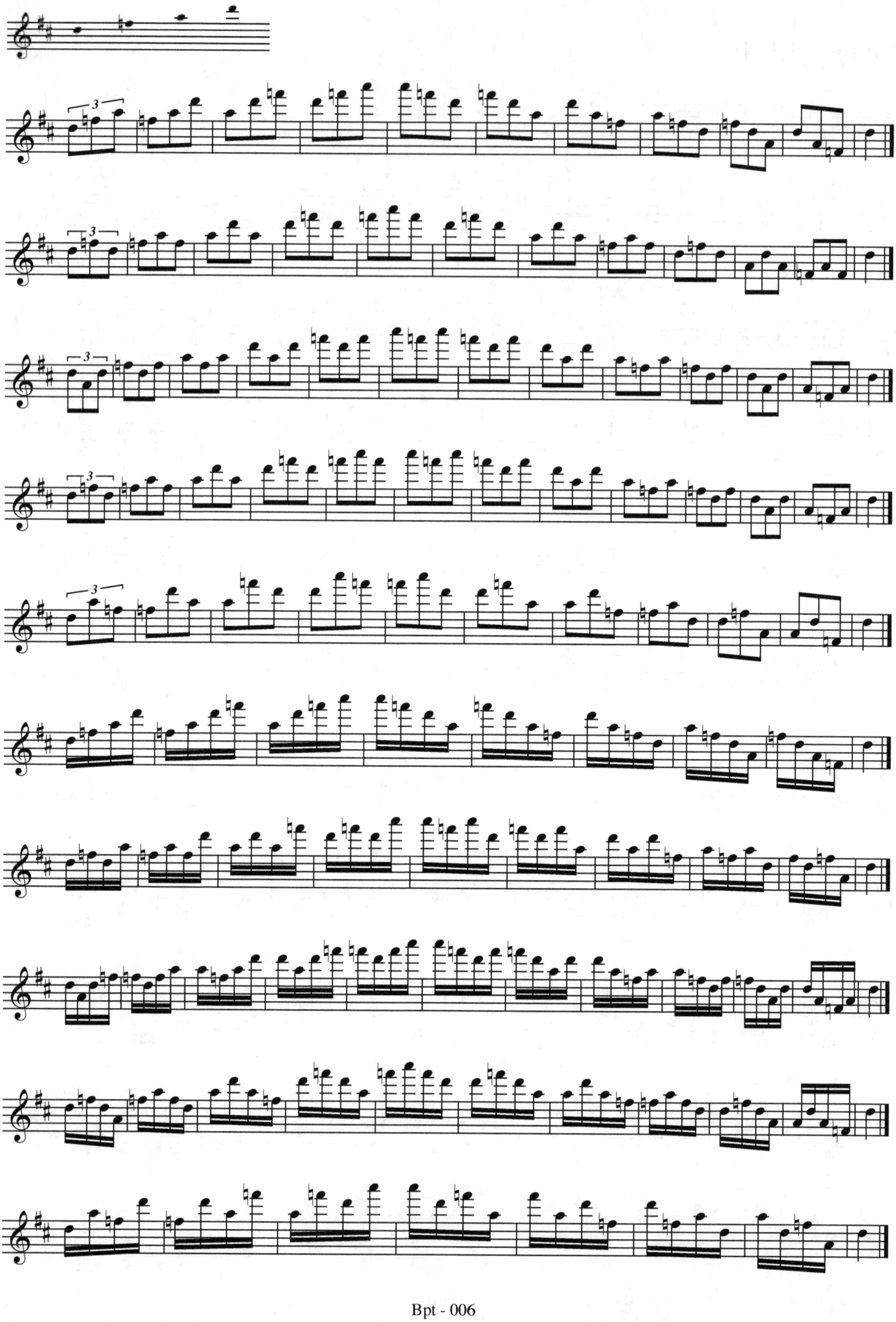

3

5
5

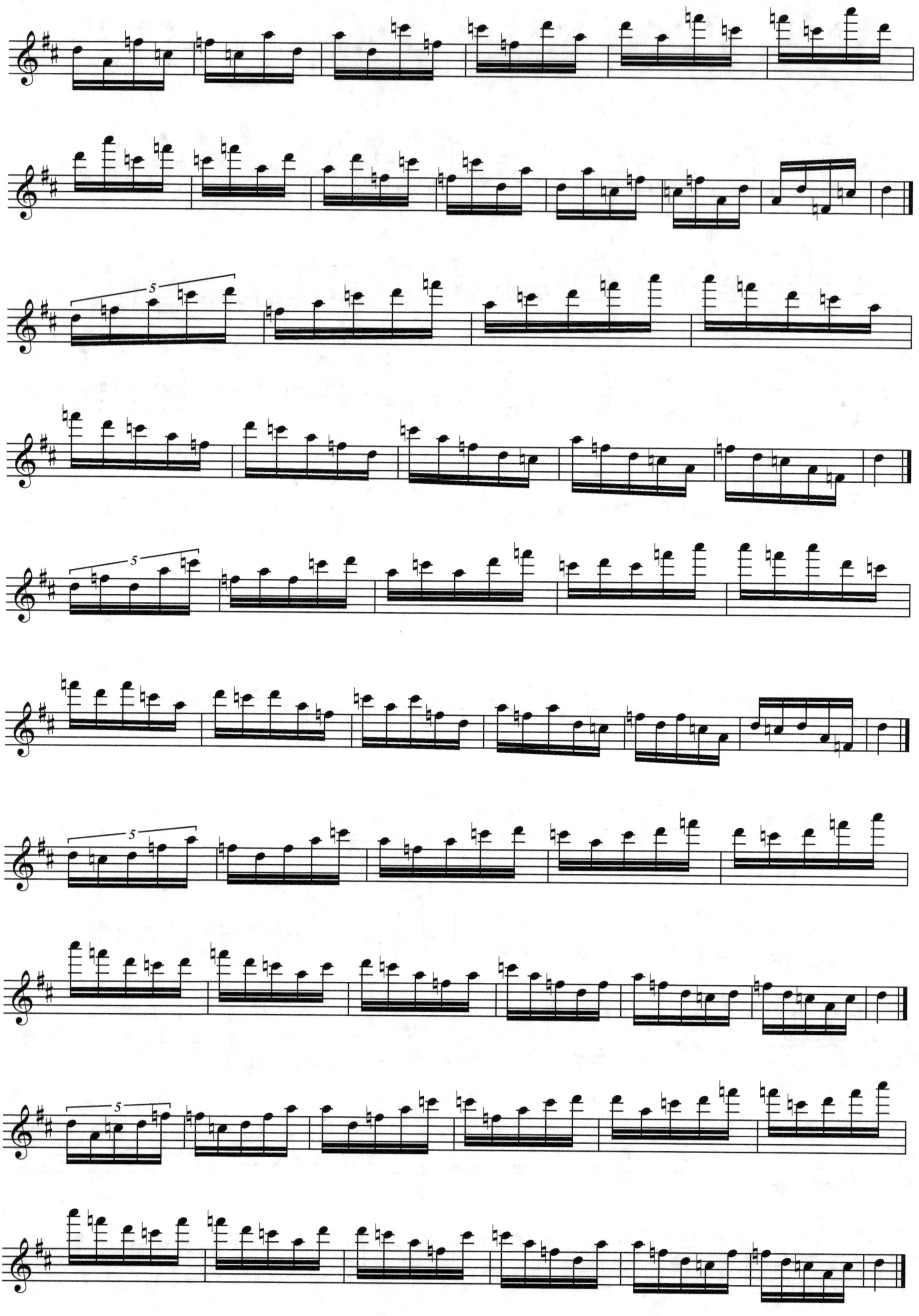
5
5
5
5

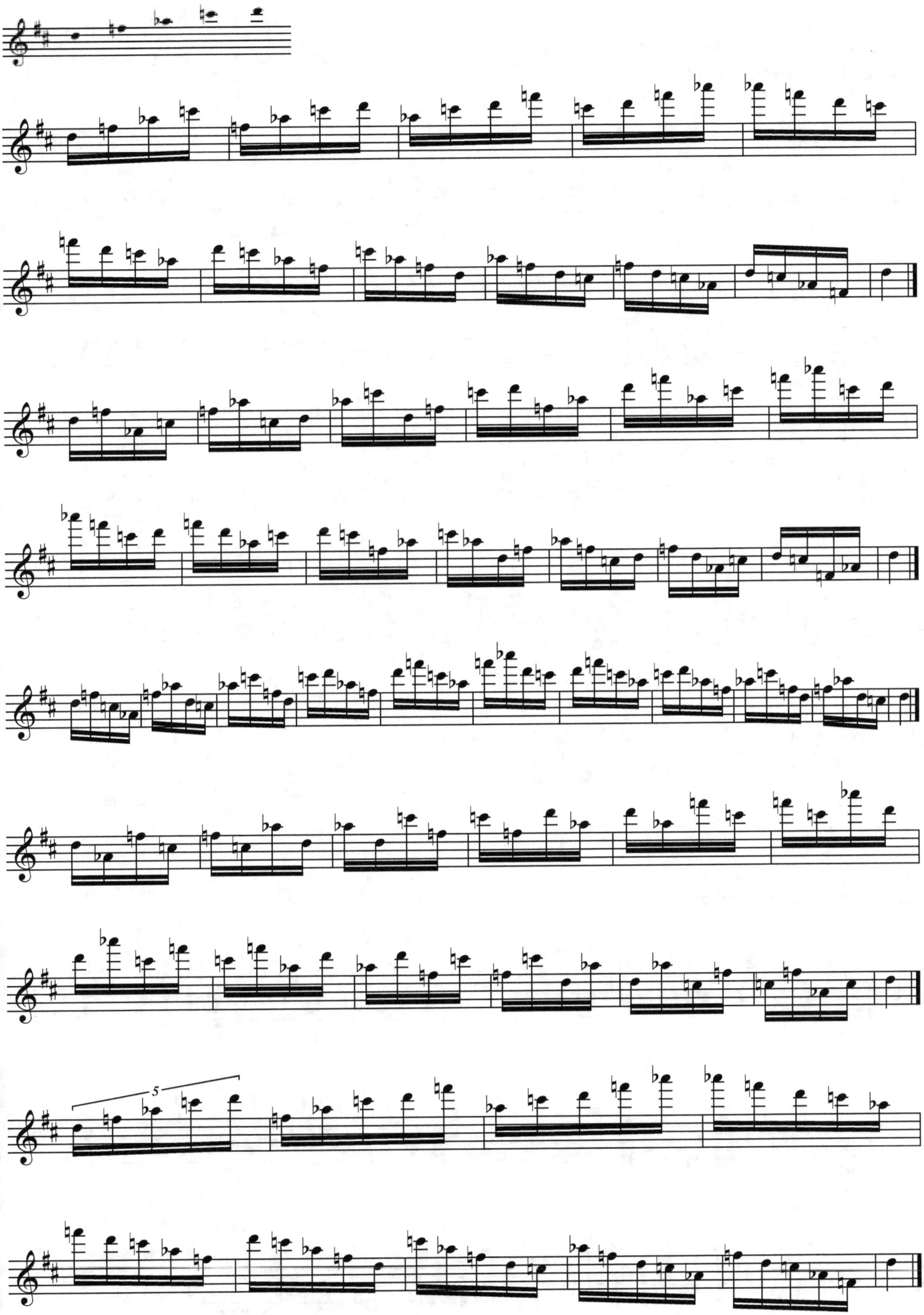
5

5
5
5
5

Arpeggi di Mi♭

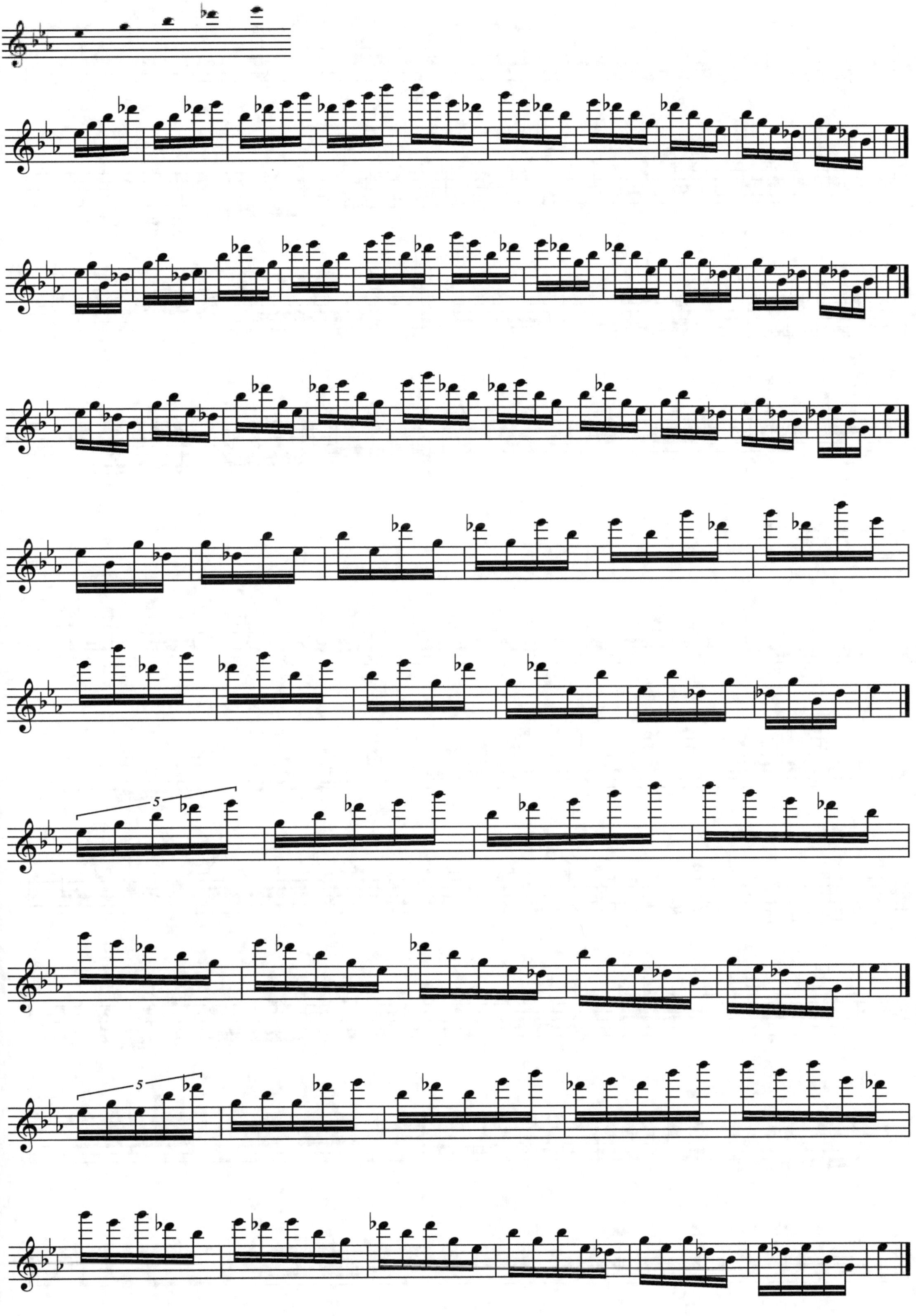
5
5

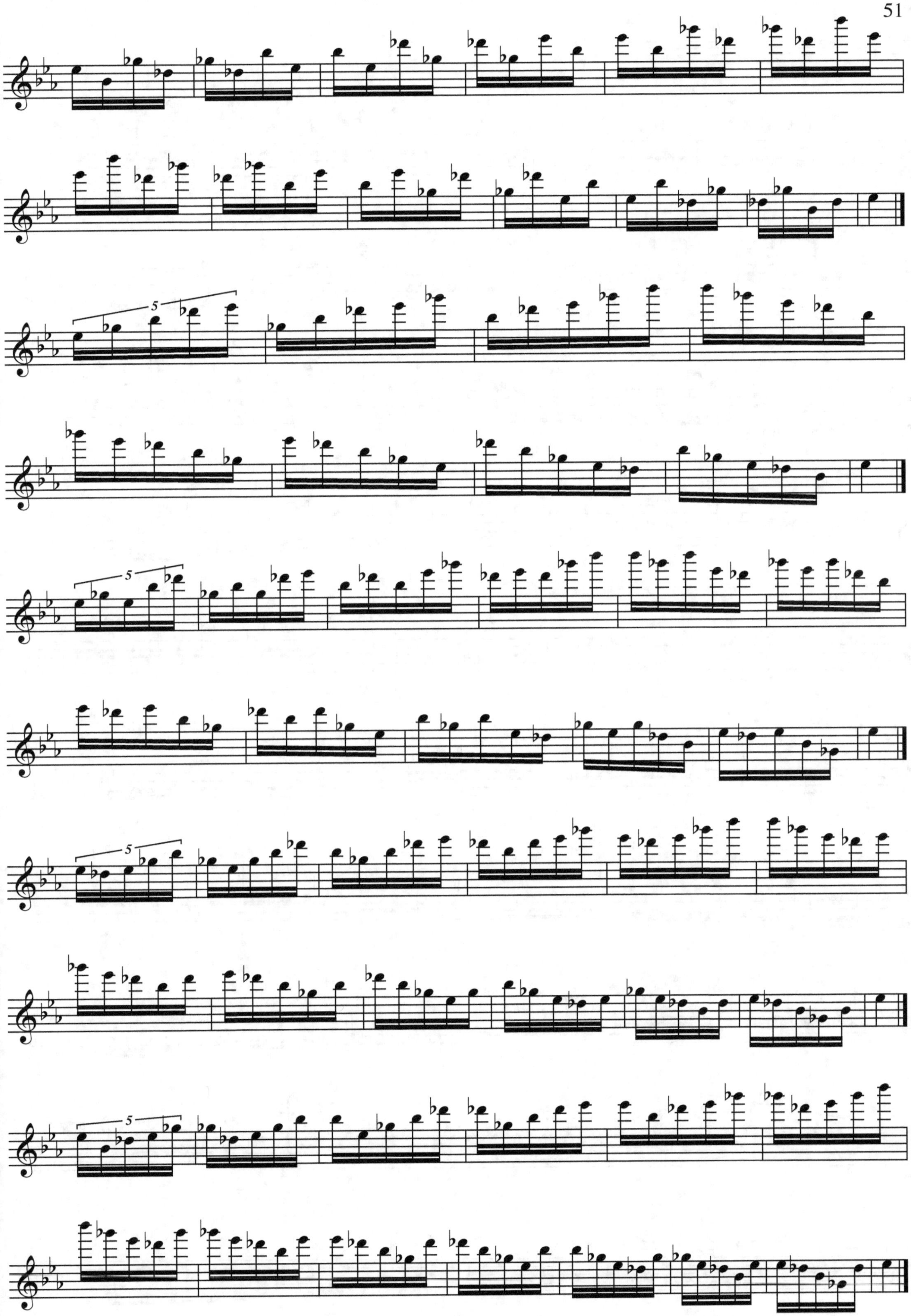

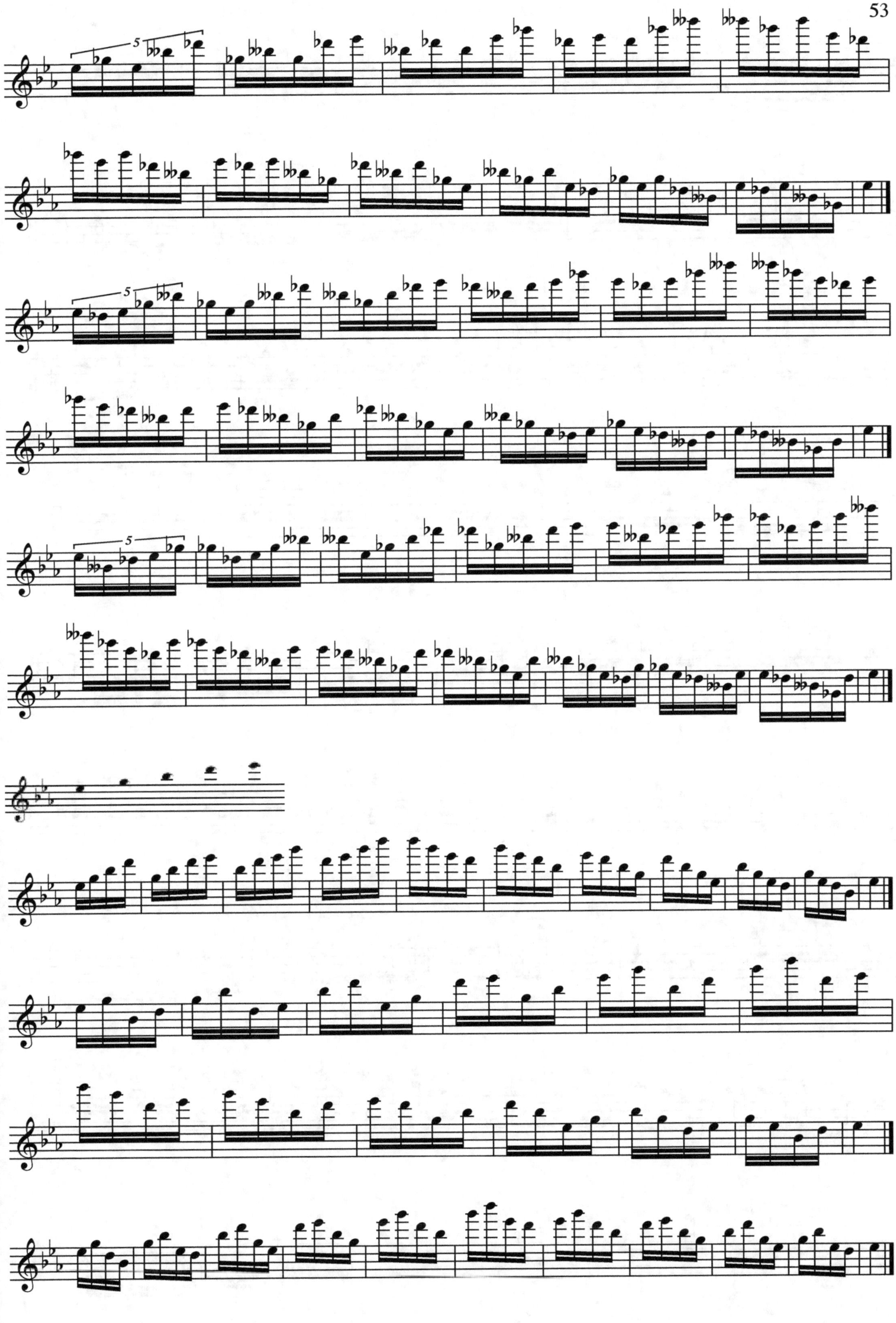

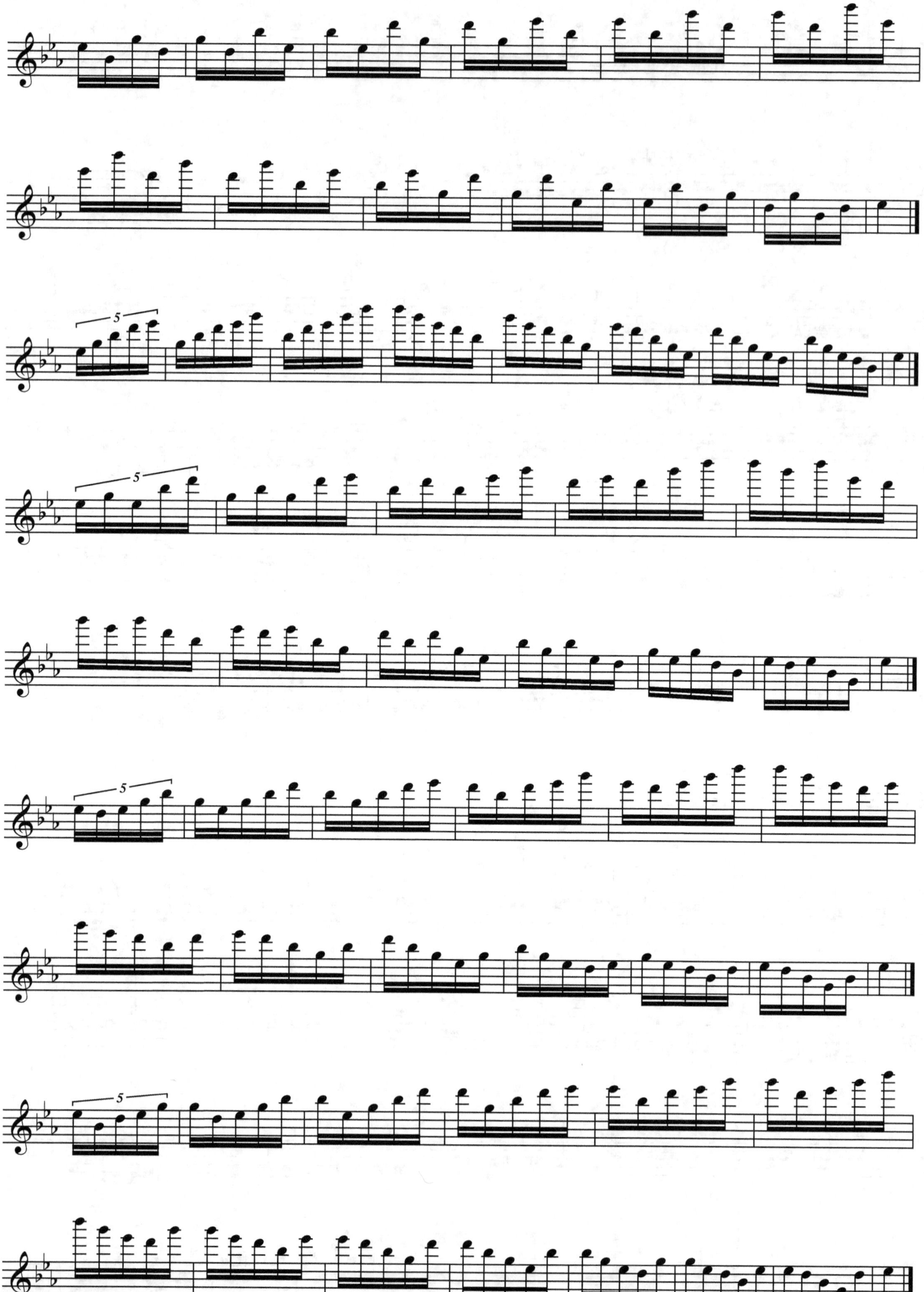
5
5
5
5

Arpeggi di La

3
3
3
3
3

5

5
5
5

5

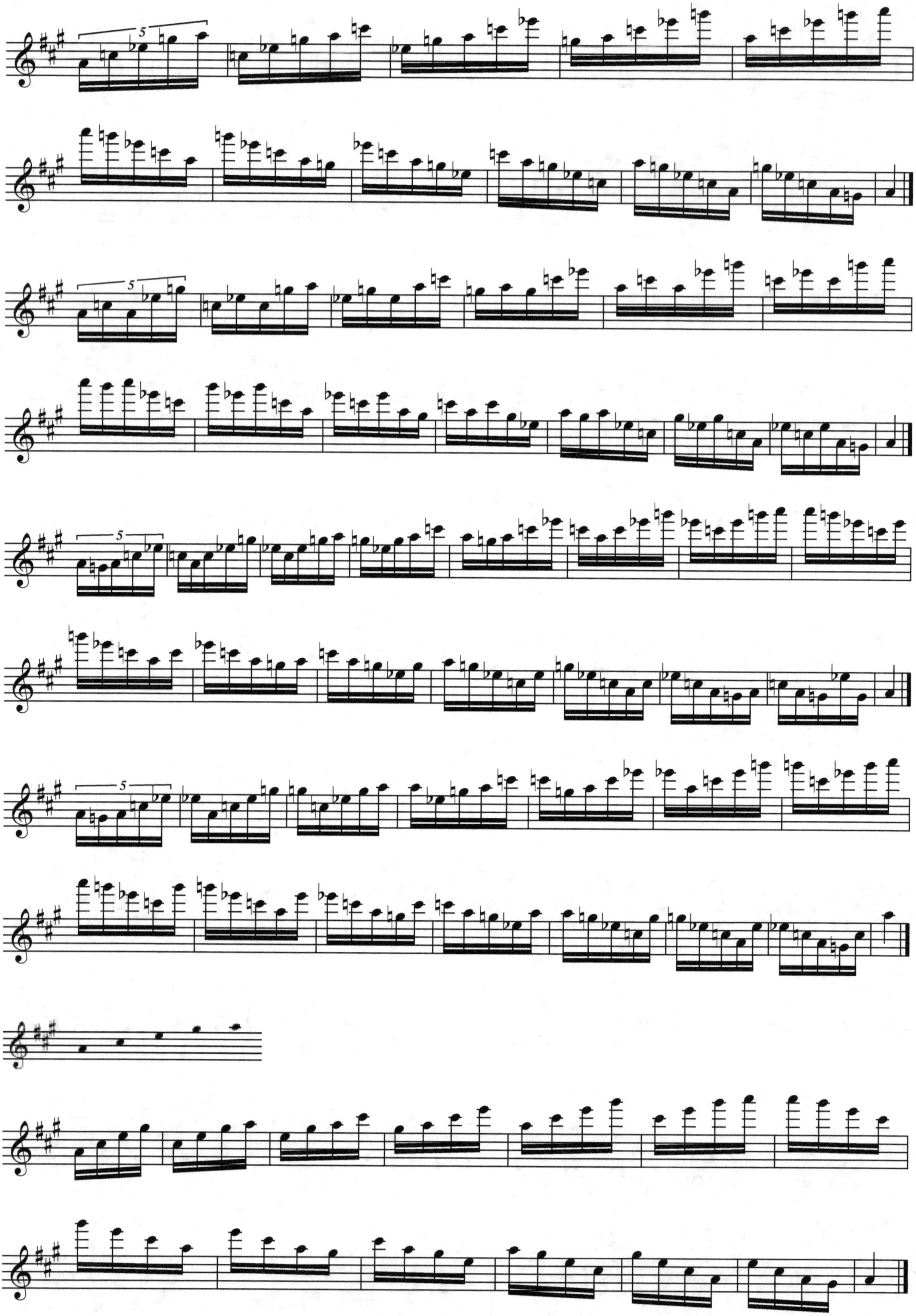

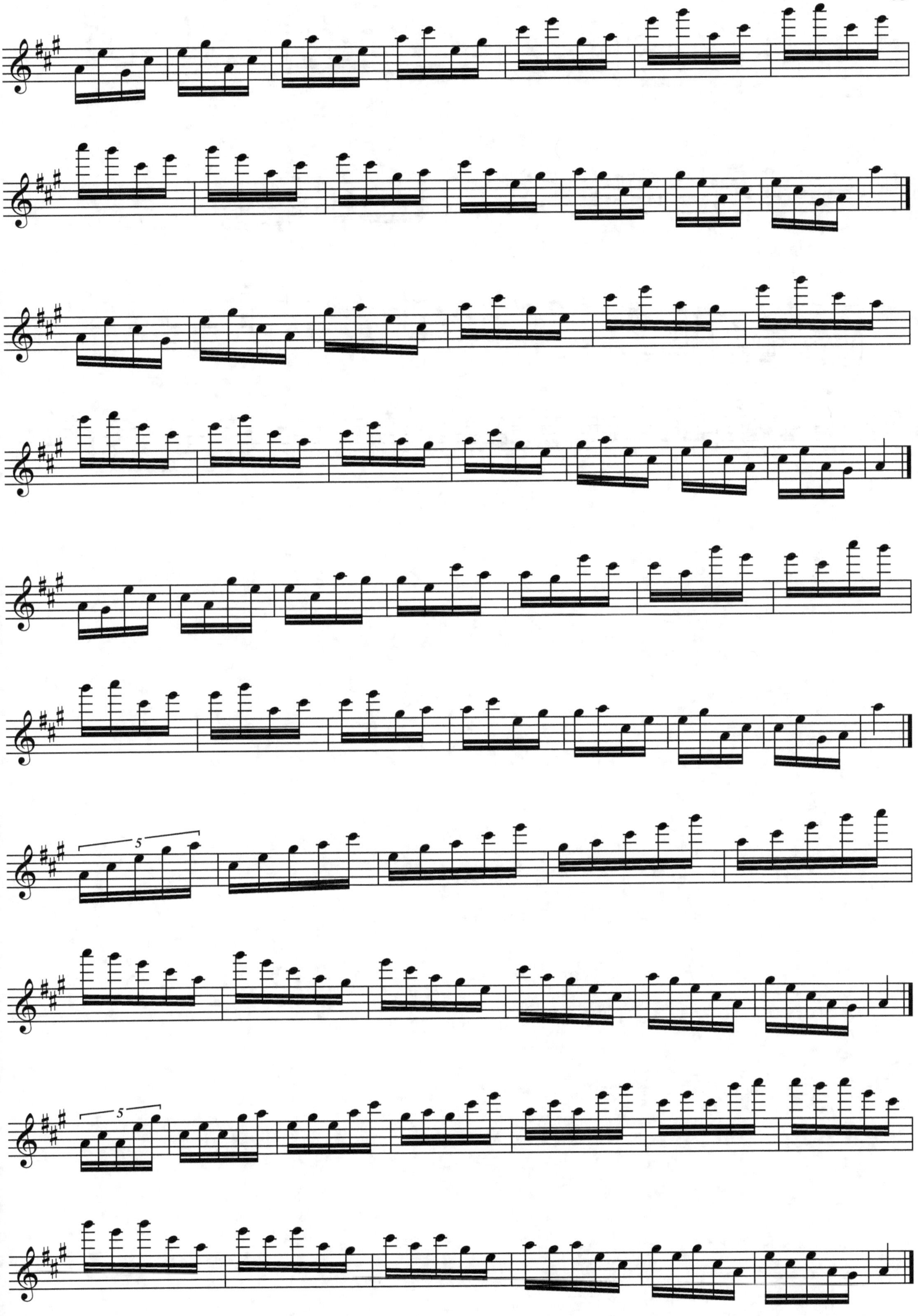
5
5

5
5

youcanprint

Finito di stampare nel mese di Novembre 2014
per conto di Youcanprint *Self - Publishing*

www.ingramcontent.com/pod-product-compliance
Lightning Source LLC
LaVergne TN
LVHW080219200726
843507LV00006B/1030